DES SOCIÉTÉS DE PRÉVOYANCE

OU DE SECOURS MUTUELS.

RECHERCHES SUR L'ORGANISATION DE CES INSTITUTIONS, SUIVIES D'UN
PROJET DE RÉGLEMENT ET DE TABLES A LEUR USAGE (1), par M.
L. DEBOUTTEVILLE, D. M., médecin de l'asile départemental des
aliénés de la Seine-Inférieure.

ANALYSE ET DÉVELOPPEMENT

PAR M. LE Dr VILLERMÉ.

Parmi les institutions essentiellement de prévoyance qui
rendent économes les *simples travailleurs*, et leur en-
seignent à ne compter que sur eux-mêmes, sur leur bonne
conduite, pour éviter la misère, les *caisses d'épargne* et les
sociétés de prévoyance ou de *secours mutuels* contre la
maladie, sont au premier rang.

---

(1) In-8°, 165 pages. Extrait des travaux de la Société d'Émulation de Rouen,
années 1843-1844.

Quoique les sociétés de prévoyance existent depuis très long-temps en France, elles n'y sont cependant pas aussi généralement connues que les caisses d'épargne. Trop peu de personnes y savent que ce sont des associations d'ouvriers qui mettent en commun une petite partie de leurs gains pour ceux d'entre eux qui deviennent malades ou infirmes, en d'autres termes, que ce sont des établissemens d'assurance contre la maladie, et même contre la vieillesse, pour donner à ceux de leurs membres qui ne peuvent pas travailler une indemnité représentative du salaire qu'ils sont hors d'état de gagner.

Ce genre d'assurance réciproque, si conforme au véritable esprit d'association et de charité fraternelle, vient de fournir à M. le docteur Deboutteville, directeur de l'asile départemental des aliénés de la Seine-Inférieure, le sujet d'un excellent mémoire.

C'est bien certainement l'ouvrage le plus complet et le meilleur qui ait été publié sur ce sujet, non-seulement dans notre pays, mais encore (du moins je le crois) en Angleterre, où les sociétés de secours mutuels, qu'on y appelle des sociétés d'amis (*friendly societies*), sont beaucoup plus nombreuses et bien mieux appréciées que chez nous. C'est à ce point que la chambre des communes, qui a constaté leurs heureux effets par des enquêtes, s'en est plusieurs fois occupée, dans le but de rechercher, d'exposer les bases les plus favorables à leur prospérité, et de les propager.

M. Deboutteville divise son travail en trois parties.

La première offre d'abord des considérations générales sur la nécessité de l'épargne et sur la difficulté plus grande, pour les classes ouvrières, de la faire fructifier que de la réaliser.

De nos jours cependant, cela doit être plus facile qu'autrefois; du moins les caisses d'épargne, cette institution encore nouvelle en France, et les sociétés de secours mutuels présentent aux petites économies de l'ouvrier l'emploi le plus profitable pour lui.

Notre auteur fait observer ici, pour mieux faire ressortir la grande utilité de la société de secours mutuels, que, pourvoyant aux besoins de ses membres malades ou infirmes, elle les laisse, lorsqu'ils sont revenus à la santé, dans la même position qu'auparavant, et prévient ainsi leur ruine, que produiraient trois ou quatre mois de maladie, et souvent même quelques semaines, en absorbant toutes leurs économies, qu'elles soient ou non déposées à la caisse d'épargne.

M. Degérando, qui avait étudié avec le plus grand soin les associations dont il s'agit, leur reconnaissait encore plusieurs avantages. Écoutons-le :

« Pour le membre de la société de prévoyance, l'économie
« est obligatoire, persévérante, périodique ; son taux est
« déterminé : le sociétaire qui négligerait d'en continuer le
« dépôt, perdrait la somme déjà mise en réserve. De la sorte,
« elle devient une nécessité......

« Confiée à une société de prévoyance, elle ne peut en être
« retirée par caprice, par inconstance, ou à l'occasion d'un
« plaisir. Elle reste invariablement pour être appliquée aux
« circonstances fâcheuses en vue desquelles elle a été dépo-
« sée ; elle ne saurait être détournée de ce but......

« Il y a toujours quelque chose de bon, d'ailleurs, dans
« un lien qui rapproche les hommes, qui confond leurs in-
« térêts, qui les rend solidaires les uns pour les autres.
« La société de prévoyance est une confraternité... ; elle
« joint aux combinaisons de la prudence le mérite d'une
« bonne action ; car la portion d'épargnes qui n'est pas
« recueillie par le sociétaire qui les a versées profite à ses
« coassociés. »

Telles sont les considérations sur lesquelles M. Deboutteville fonde la préférence qu'il accorde aux sociétés de secours mutuels. Il croit, avec un écrivain anglais, que ces institutions et la caisse d'épargne, ne vont pas au même but, n'ont pas les mêmes résultats, et qu'une société de secours mutuels bien organisée, bien administrée, est ce qui convient le mieux aux classes ouvrières pour les prémunir contre le dénûment provenant de la maladie et de la vieillesse.

On avait déjà émis, ou à-peu-près, là même opinion en France, il y a seize ans, et c'est moi.—J'ajoute que la caisse d'épargne convient surtout aux domestiques, aux célibataires, aux personnes isolées, et la société de secours mutuels à l'homme marié ou chargé de famille,

Une commission du parlement anglais, instituée, en 1825, pour faire une enquête, sur les Sociétés d'Amis, insistait déjà sur ce point que, pour le but particulier de ces sociétés, la *caisse d'épargne est tout-à-fait inefficace*. D'où il résulte que celle-ci ne doit pas exclure celles-là, mais, ajoutait avec raison la même commission, il ne s'ensuit pas non plus que les Sociétés d'Amis doivent faire supprimer la caisse d'épargne. Il est des avantages qui ne peuvent être obtenus que par l'une ou par l'autre.

Enfin, la conclusion de l'auteur sur ce point, c'est que les sociétés de secours mutuels devraient recevoir les premières économies de tout homme vivant de salaires, et les caisses d'épargne, ne venir pour lui qu'en second lieu. Mais, en recommandant aussi fortement les sociétés de secours mutuels ou d'amis, M. Deboutteville et la commission du parlement anglais n'ont entendu parler que de celles qui sont fondées sur des bases enseignées par l'expérience, et qu'ils indiquent eux-mêmes.

Dans la seconde partie de son ouvrage, M. Deboutteville, ne compare plus les Sociétés de secours mutuels, à d'autres institutions de prévoyance : il les étudie, les examine et en parle abstraction faite de toutes ces institutions. Je crois pouvoir me dispenser, à partir d'ici, de le suivre dans ses raisonnemens et ses opinions. Je n'indiquerai même aucun des faits qu'il cite. Il suffit , à mon objet de dire, qu'il traite successivement, à savoir :

1. Du développement des Sociétés de Prévoyance, de leur état présent, et des vices ordinaires de leur organisation.

Des bases sur lesquelles toutes devraient reposer.

Des secours qu'elles doivent assurer à leurs membres.

Du choix des tables de mortalité qui servent à calculer les chances de vie de ces personnes.

Des chances de maladie aux différens âges.

Des changemens apportés dans la loi de mortalité, et dans la fréquence et la durée des maladies, par le sexe, par le lieu d'habitation, par les professions, par les mœurs, et par quelques autres circonstances.

De l'intérêt de l'argent.

Du mode suivant lequel doivent être réglées les allocations aux malades et aux vieillards.

De la manière d'administrer les Sociétés de Prévoyance, et du nombre *minimum* des membres dont chacune devrait se composer.

Puis M. Deboutteville jette un coup-d'œil sur quelques-unes des principales Sociétés de secours mutuels qui existent aujourd'hui en France, afin de savoir si, fondées sur des bases solides, elles permettent de répartir équitablement les charges entre les coassociés, et assurent à tous, avec un degré de probabilité désirable, les avantages qu'elles promettent, ou bien si, au contraire, des vices inhérens à leur constitution s'y opposent.

Après cet examen, vient, sous le titre de *troisième partie*, un exposé des moyens de hâter la propagation et le perfectionnement des Sociétés de Prévoyance ; exposé emprunté principalement à la législation anglaise, et dans lequel on établit d'abord, comme conséquences rigoureuses des deux premières parties, les trois points suivans :

Les avantages très grands, que l'on peut retirer des sociétés dont il s'agit ;

La possibilité de leur donner, dès à présent, des bases stables ;

Et l'imperfection des connaissances acquises sur les lois qui régissent la mortalité et les maladies, considérées dans leurs rapports avec la constitution de ce genre d'institution.

Le tout est suivi d'un projet très détaillé de réglement, à l'usage de ces mêmes sociétés. Ajoutez, pour servir au calcul de leurs charges et à l'évaluation des ressources qui doivent y faire face, des tables de mortalité et de maladies.

Enfin, l'ouvrage se termine par plusieurs tables appropriées, autant du moins que cela était possible, aux besoins de Sociétés de secours mutuels placées dans des conditions très différentes. Elles ont été calculées pour fixer le taux et la durée des cotisations annuelles, ainsi que la quotité des droits d'admission que doit payer chaque sociétaire, en échange des avantages qui lui sont assurés.

Je viens, je crois, de faire ressortir l'importance des recherches de M. Deboutteville. Elles sont d'autant plus précieuses, qu'elles éclairent un sujet jusqu'ici trop peu connu en France, où beaucoup d'hommes placés haut dans l'administration, et d'ailleurs fort instruits, ont des préventions contraires aux Sociétés de secours mutuels. Je regrette de ne pouvoir émettre aucune proposition dans ce simple compte-rendu. Mais, dans mon opinion, M. Deboutteville a écrit un très bon travail qui manquait et qui serait digne d'avoir pour résultat d'appeler chez nous l'attention publique sur les Sociétés de secours mutuels, de les recommander au gouvernement, de les multiplier, et de les faire organiser presque partout sur de meilleures bases, au grand profit des classes ouvrières.

Je demande la permission de donner ici une analyse détail-

lée des renseignemens réunis par M. Deboutteville sur les
chances de maladies aux différens âges. Cette partie de ses recherches est beaucoup plus complète que les faits publiés par
moi sur le même sujet, dans ces *Annales* (1), il y a 16 ans.

La mort, y disais-je, étant précédée d'un état de maladie
dont elle est la suite ou l'effet, il est bien vraisemblable
que la fréquence et la durée des maladies dans chaque période de la vie suivent la marche de la mortalité. Or, on sait
que, dès avant l'âge où l'on est admis dans les Sociétés de
Prévoyance, la probabilité de mourir durant un temps donné,
comme une année par exemple, devient toujours de plus en
plus grande. La progression est d'abord lentement crois-
sante, mais ensuite elle s'accélère.

Fondé, ajoutais-je, sur cette loi de la mortalité, que rien
ne peut intervertir, et aussi sur ce que l'âge où l'on meurt le
moins est celui où l'on se porte le mieux, sur ce qu'en général la santé augmente ou diminue avec la vitalité, Richard
Price dressa une table des maladies pour les Sociétés d'Amis
de l'Angleterre; mais on ne tarda pas à s'apercevoir qu'elle
conduisait à des erreurs, et qu'il aurait fallu la construire
d'après des observations directes.

C'est aussi ce qui a été fait à la sollicitation généreuse et
patriotique d'un Écossais, M. Ch. Oliphant.

Vivement préoccupé des maux qui résultaient, pour les
associations de secours mutuels entre ouvriers, de la fré-
quente impossibilité de fournir à toutes leurs dépenses, il
en entrevit la cause principale, et il proposa deux prix
de 20 guinées que devait décerner la *Highland society of
Scotland* à celles de ces associations qui, à l'aide du dépouil-
lement de leurs registres, dresseraient les meilleurs tableaux
du nombre et de la proportion des malades aux différens

(1) Tome second, p. 241 à 267. Voy. *Sur la durée des maladies aux différens âges, et sur l'application de la loi de cette durée et de la loi de mortalité à l'organisation des sociétés de secours mutuels.*

âges. Une commission fut choisie pour examiner tous les renseignemens.

Cette commission a pu prendre connaissance, pour diverses parties de l'Écosse, des registres bien tenus de plus de 70 sociétés pendant des périodes de 3 années au moins, de 10, de 20, de 40, et même de 50 années consécutives; et, des secours que ces sociétés avaient distribués à leurs membres, elle a déduit la fréquence et la durée moyenne des maladies à chaque âge.

Son travail offre les résultats de l'expérience, année commune, d'environ 7,500 individus, qui, multipliés par le nombre moyen d'années que ce travail comprend, donnent plus de 100,000 observations ou cas particuliers.

Il en résulte que la durée totale moyenne du temps qu'un ouvrier est malade de maladies qui ne proviennent point de débauche pendant les 50 années consécutives qui se trouvent comprises dans l'intervalle de 20 ans à 70, est de tout près de deux années réparties de telle manière, qu'à 20 ans on ne compte guère, durant une année, qu'une demi-semaine, ou mieux 4 jours de maladies;

A 30 ans, très peu plus;

A 40 ans, trois quarts de semaine;

A 45 ans, 7 jours ou une semaine;

A 50 ans, 9 à 10 jours;

A 55 ans, 12 à 13 jours, près de deux semaines;

A 60 ans, environ 16 jours, deux semaines un tiers, deux semaines et demie;

A 65 ans, 30 à 31 jours, ou un mois;

Et à 70 ans, environ 73 à 74 jours, ou près de deux mois et demi.

Par conséquent, la durée du temps qu'un individu est malade pendant une année, s'accroît, termes moyens :

Depuis l'âge de 20 ans jusqu'à celui de 30, de fort peu; c'est environ une demi-journée;

D'une journée et demie ou à-peu-près, depuis 30 ans jusqu'à 40 ;

D'autant depuis 40 ans jusqu'à 45 ;

De près de 3 journées depuis 45 ans jusqu'à 50 ;

Autant ou un peu plus depuis 50 ans jusqu'à 55 ;

De quatre journées ou environ depuis 55 ans jusqu'à 60 ;

De deux semaines entières, ou de 14 jours, depuis 60 ans jusqu'à 65 ;

Enfin, de six semaines ou de près d'un mois et demi, depuis 65 jusqu'à 70 ans.

La commission, aux recherches de laquelle on doit la connaissance de ces faits, pensait qu'au-dessous de l'âge de 20 ans la durée moyenne annuelle des maladies devait être estimée trois jours ou à-peu-près, et au-dessus de 70 ans, toujours pour les ouvriers, près de quatre mois ou 16 semaines et demie (16,54/100).

La même commission a trouvé aussi, pour proportion des malades, 1 sur

136,95 au-dessous de 20 ans ;

  87,89   20 - 30

  75,74   30 - 40

  50,61   40 - 50

  27,65   50 - 60

   9,23   60 - 70 ans ;

   3,14 passé l'âge de 70 ans.

Selon la même commission, sur dix semaines de maladie des personnes qui n'ont pas encore 70 ans, il faut en compter 3 pour les maladies chroniques ou prolongées, et des 7 autres semaines il y en a 2 pendant lesquelles les malades ne peuvent quitter le lit. Une autre conséquence des mêmes recherches, qui coïncide avec les observations sur la mortalité comparative dans les villes et dans les campagnes, c'est que l'on est en général moins souvent ou moins long-temps malade dans les dernières que dans les premières jusqu'à l'âge de 70 ans, mais que passé cet âge c'est tout le contraire. Les raisons qu'on en a données pour la mortalité s'appliquent parfaitement aux maladies.

Les durées annuelles de celles-ci et les proportions des malades qui viennent d'être indiquées, ne sont que les moyennes d'un certain nombre de périodes d'âge. Conséquemment, s'il s'agissait d'en faire l'application à une année de la vie en particulier, il faudrait diminuer un peu ou au contraire augmenter la durée moyenne de maladie attribuée à la période, suivant que l'âge précis pour lequel on voudrait établir le calcul se trouverait au commencement ou bien à la fin de cette période.

Tels sont les premiers résultats connus de l'observation directe des Sociétés d'Amis ou de Prévoyance de la Grande-Bretagne, c'est-à-dire des Sociétés de secours mutuels. Après la longue citation que je viens d'en faire, j'arrive au livre de M. Deboutteville, qui résume comme il suit quatre tables que ce médecin a pu se procurer sur les maladies par âges, tables auxquelles d'ailleurs le conseil, donné quelques lignes plus haut, est également applicable.

Évaluation, par le docteur PRICE, *de la moyenne annuelle de maladies d'une personne, exprimée en semaines et fractions de semaine.*

Au-dessous de 32 ans, 1,08 sem. 1 malade sur 48 memb. des soc. d'am.
De 32 à 42 ans. . . . . 1,35 . . . . 1 38,4
   43   54 . . . . . . 1,62 . . . . 1 32
   54   58 . . . . . . 1,90 . . . . 1 27,4
   58   64 . . . . . . 2,17 . . . . 1 24

Proportion annuelle de maladies, sur laquelle ont été calculées les tables de M. TH. BÉCHER, *dites tables de Southwell.*

De 20 à 25 ans, ... 1,12 sem. 1 malade sur 46,2 memb. des soc.
   25   30 . . . . . . 1,37 . . . . 1 37,8
   30   40 . . . . . . 1,62 . . . . 1 32
   40   50, jusqu'à 65. 1,88 . . . 1 27,7

Proportion moyenne annuelle des maladies, calculée par la société dite Highland Society of Scotland *sur 104,214 membres des Sociétés d'Amis.*

Au-dessous de 20 ans. 0,38 sem. 1 mal. sur 131,7 memb. des soc.
De 20 à 30 ans.   0,59   87,9
    30   40   0,69   75,7
    40   50   1,03   50,6
    50   60   1,88   27,6
    60   70   5,63   9,2

Proportion des maladies résultant de la combinaison faite par MM. J. FINLAISON *et* G. DAVIES, *de la table écossaise qui précède, et des maladies observées dans l'armée anglaise.*

Au-dessous de 50 ans. 1,55 sem. 1 malade sur 33,5 memb. des soc.
De 50 à 60 ans.   2,97   17,6
    60   70   7,27   7,15

Les périodes d'âge sous lesquels on a groupé les données présentées dans ces quatre tables, sont différentes pour chacune, ce qui en rend la comparaison et, par suite, la discussion fort difficile.

« Pour plus de commodité, dit M. Deboutteville, j'ai réuni dans le tableau transcrit à la page suivante les mêmes élémens rapportés à des périodes d'âge identiques, et évalués en jours et fractions de jour. J'en ai rapproché la mortalité pour les mêmes périodes, suivant la table de Carlisle, et j'y ai joint les élémens de deux tables de maladie dressées par moi, et les données que j'ai pu recueillir sur des sociétés de secours mutuels établies en France.

« Pour calculer ce tableau, ajoute M. Deboutteville, j'ai supposé la durée des maladies constante pendant tout le temps compris dans chacune des périodes indiquées par les auteurs; ce qui n'est pas absolument vrai et jette un peu d'incertitude sur la valeur exacte des résultats obtenus.... »

RÉSULTATS COMPARATIFS DES TABLES DE MALADIES.

PÉRIODES D'AGES.	MORTALITÉ annuelle suivant la table de Carlisle.	JOURNÉES DE MALADIES PENDANT CHACUNE DES PÉRIODES, D'APRÈS LA								
		Table du docteur Price.	Table de Southwell.	Table d'Ecosse.	Table de MM. Finlaison et Davies.	Table de MM. Finlaison et Davies modifiée.	Table d'Écosse modifiée d'après la mortalité de Carlisle.	Table d'Ecosse modifiée et mise en rapport avec la mortalité en France.	L'expérience de la caisse de secours mutuels de Nantes.	L'expérience de la société des amis de l'humanité de Rouen.
De 24 à 30 ans.	1 sur 127	75.83	87.50	44.44	108.5	87.50	50.79	63.48		
De 31 40	1 92	90.99	143.75	48.05	108.5	108.5	70.44	87.63		
De 41 50	1 70	110.95	134.56	74.94	108.5	129.5	92.44	145.47		
De 51 60	1 49	136.55	134.56	134.64	207.9	207.9	134.64	164.55		
De 61 65	1 26	90.83	65.78	145.05	452.5	452.5	145.05	143.84		
De 24 à 65 ans.	»	505.15	530.15	408.06	685.90	685.90	459.73	574.64		
Moyen. annuelles.	1 sur 68.3	14.22	11.78	9.07	15.24	15.26	10.22	12.77	11.44 (1)	8.46 (2)

(1) Résultats des 7 années 1835, 38, 39, 40, 41, 42 et 43, pendant lesquelles 6,699 sociétaires ont éprouvé 76,444 journées de maladies rendant le travail impossible (Voir *les Annuaires de la Société industrielle de Nantes*).

(2) Résultats calculés d'après le chiffre des dépenses pour secours aux malades de la société de prévoyance des *Amis de l'humanité*, pendant les 5 années 1839, 40, 41, 42 et 43, sur un total de 582 sociétaires ; soit 117 en moyenne annuelle.

Avant de discuter la valeur de ces tables, M. Deboutteville s'exprime comme il suit, sur la relation qui existe entre le fréquence des décès aux différens âges, et la fréquence ou la durée des maladies aux mêmes âges.

« Les hommes qui ont étudié avec soin cette question, s'accordent à-peu-près uniformément pour admettre une dépendance intime entre le nombre des maladies et celui des décès. La mort étant presque toujours le résultat d'un état de maladie, ou suivant la poétique expression de Milton, la maladie étant le chemin de la mort (*the sickness the way of the death*), on reconnaît aisément qu'il doit exister entre l'une et l'autre une relation de cause à effet.....

« Le docteur Price paraît être parti de ce principe pour calculer sa table.

« M. T. Becher (le fondateur des sociétés d'Amis de Southwell) dit que tout ce qui est cause de mortalité doit être en proportion avec la mortalité elle-même.

« M. W. Morgan, l'éditeur de Price, regarde la fréquence des maladies comme tout-à-fait proportionnelle à la fréquence des décès. — ....Il appuie son opinion de l'expérience de diverses sociétés sur lesquelles il a obtenu des documens particuliers.

« M. John Finlaison, la première fois qu'il parut devant la commission d'enquête du parlement, rejeta bien loin l'opinion d'une loi des maladies et d'un rapport possible entre le dérangement de la santé et la mortalité. Mais ayant soigneusement étudié cette question, alors nouvelle pour lui, il fut conduit à changer entièrement de manière de voir, de sorte que, pour calculer la table de maladies donnée plus haut sous son nom, il n'a pas craint d'admettre le principe qu'il avait d'abord repoussé. »

Celui qui écrit cet article a fait depuis long-temps des recherches sur ce sujet, et l'on a vu qu'il y a seize ans il admettait le même principe, bien qu'alors il ne pût connaître l'opinion de MM. J. Finlaison, W. Morgan et T. Becher, à laquelle M. Dehoutteville se range aussi, mais en faisant la réserve suivante, qui est d'une grande justesse :

« Il ne faut pas induire de ce qui précède que le nombre des journées de maladies augmente ou diminue nécessairement et toujours dans la même proportion suivant laquelle les décès augmentent ou diminuent. Les données que nous possédons sont insuffisantes pour justifier une opinion sur ce point. Il se pourrait, par exemple, que le progrès de l'âge amenant simultanément des maladies plus fréquentes et plus longues, un même nombre de décès correspondît à un plus grand nombre de journées de maladies. Ce fait est même assez présumable pour les dernières époques de la vie de l'homme. »

Ceci établi, notre auteur passe à l'examen des tables de maladies.

Il pense que le manque de renseignemens sur les données qui ont servi au docteur Price, pour calculer sa table, ne permet point de la préférer aux autres.

« La table de Southwell n'est que celle du docteur Price, modifiée on ne sait d'après quelles bases. Tandis que M. Becher augmente pour les trente premières années les chiffres donnés par Price, il diminue la durée des maladies après soixante ans. Le taux auquel il l'évalue est beaucoup au-dessous de l'expérience des sociétés d'Écosse. C'est à tort qu'il admet un même nombre de jours de maladie pour toute la période d'âge qui s'étend de quarante à soixante-cinq ans.

« Il paraît d'ailleurs qu'il y a une exagération très grande dans les nombres de la table de Southwell, et que M. Becher n'en a forcé les chiffres que dans la vue d'offrir plus de garanties aux sociétés.....

« La table d'Écosse a, par-dessus les deux précédentes, le mérite éminent d'être entièrement fondée sur les résultats de

l'expérience des Sociétés d'Amis.....» (C'est elle que j'ai fait
connaître au commencement de ces réflexions.)

« Plusieurs personnes ont pensé, et la Chambre des communes a exprimé cette opinion, qu'elle présentait une durée
des maladies trop faible.

« M. Ch. Oliphant.... s'exprime ainsi à ce sujet :

« Nos documens partent d'une base plus étroite qu'il n'est
« désirable.. J'ai la plus grande confiance dans les données
« de la table, comme représentant la durée des maladies
« qui ont été alors mises à la charge des sociétés ; mais tant
« que dura l'impression qu'une Société d'Amis était une in-
« stitution charitable, idée qui, aujourd'hui, se dissipe pour
« faire place à cette autre plus exacte, que c'est une assu-
« rance sanitaire, je conçois que des personnes n'y aient pas
« eu recours dès le début de leurs maladies.... Il semble
« que les registres des sociétés ne peuvent, dans tous les
« cas, être considérés comme reproduisant la quantité abso-
« lue de maladie de leurs membres, mais seulement cette
« partie pour laquelle les allocations ont été réclamées. »

On a vu, dans les tableaux résumés plus haut, d'après
quelles bases MM. J. Finlaison et G. Davies ont calculé leur
table. Aussi, M. Deboutteville n'en a-t-il fait usage en aucune
façon.

Mais il a pensé que la table d'Écosse, modifiée d'après la
mortalité en France, pouvait s'appliquer à nos sociétés de secours mutuels, en ajoutant à chacun des nombres dont elle se
compose un quart ou à-peu-près d'eux-mêmes. Il admet ce
rapport comme étant celui de la mortalité générale en France
à la mortalité en Angleterre (1).

L'auteur a donc adopté la table écossaise, modifiée ainsi

(1) Voy. p. 56.

qu'il vient d'être dit, comme basé de tous ses calculs sur les dépenses probables des sociétés de secours mutuels « consti- « tuées pour la classe des ouvriers placés dans les conditions « ordinaires. » Il fait observer, avec raison, que les deux sociétés françaises, celles de Nantes et de Rouen dont il a pu donner les résultats de l'expérience dans le grand tableau précédent, sont d'une fondation encore trop récente, surtout la dernière, pour comporter une grande proportion de membres avancés en âge, et, par conséquent, pour fournir, dès à présent, un nombre moyen normal des journées de maladies. Cette circonstance explique comment les nombres de la table suivante, dont M. Deboutteville recommande l'usage, sont plus élevés :

Âges des sociétaires.		Nombres moyens annuels des journées de maladies.
De 21 à 25 ans.		5 9
26	30	6 7
31	35	8 »
36	40	9 5
41	45	10 7
46	50	12 2
51	55	14 5
56	60	18 3
61	65	28 7
66	70	69 8
Total des 50 années,		923 5
Moyenne annuelle générale,		18 5
Moyenne des 45 premières années,		12 7

Immédiatement à la suite de cette table, qu'il a placée à la fin de son travail, l'auteur nous apprend que la partie relative à la fréquence des maladies était déjà imprimée quand il a eu connaissance de deux nouveaux documens sur ce sujet.

« Le premier est dû à M. J. Finlaison, et à été publié, en 1829, dans son *Report on the evidence and elementary facts on which the tables of life annuities are founded*, imprimé par ordre de la Chambre des communes.

« Les données que présente ce document ont été recueillies avec le plus grand soin, sous la direction et la surveillance de cet habile mathématicien, postérieurement aux deux rapports du comité de la Chambre des communes sur les Sociétés d'Amis, d'après les résultats, pendant six années finissant à juillet 1827, de l'expérience d'une société de Londres, composée de plusieurs milliers de membres appartenant aux classes ouvrières.

« Voici le tableau dressé par M. J. Finlaison :

Fréquence des maladies parmi les ouvriers dans la ville de Londres.

PÉRIODES D'AGE.	Nombre total d'années pour lequel les membres de la société se sont engagés à contribuer, à dater de l'affiliation de chacun jusqu'au mois de juillet 1827.	Réduction opérée sur la durée du temps des contributions par désertion de la société (et pour un petit nombre par décès).	Temps réel pendant lequel les contributions ont été effectivement payées.	Temps total pendant lequel les allocations pour cause de maladies ont été réclamées et payées.	Nombre proportionnel de malades sur 100,000 membres soldant constamment leurs contributions.	Nombre moyen des journées de maladie par individu.
		années.	années.	années. jours.		
Dé 20 à 25 ans.	2326	805	1521	29 190	1911	7 »
25 30	5079	2178	2901	67 24	1967	7 »
30 35	6084	1969	3115	80 158	1910	7 »
35 40	4408	1610	2798	66 291	2387	8.5
40 45	4892	1594	3298	86 228	2626	9.5
45 50	3486	992	2494	65 67	2614	9.5
50 55	2345	655	1692	45 289	2706	10 »
55 60	1320	420	1900	83 101	3698	13.5

Une circonstance bien remarquable, ajoute M. Finlaison à

la suite de ce tableau, est que, si, au-dessous de cinquante ans, le temps pendant lequel les membres ont fait partie des sociétés écossaises, tel qu'il est indiqué par le rapport de l'*Highland Society*, est diminué pour raison de désertion, dans la proportion qu'indique ce même tableau, et, si l'on compare avec la durée de maladie le reste, ou le temps net pendant lequel les contributions auront dû être effectivement payées dans cette hypothèse, le résultat concorde parfaitement, à un jour près, avec la durée des maladies régnant dans la Société de Londres.

Dans le second document venu à la connaissance de M. Deboutteville quand déjà la partie de son Mémoire relative à la fréquence des maladies était imprimée, l'auteur paraît avoir aussi fait usage, pour dresser une table de la durée des maladies aux différens âges chez les classes ouvrières, des registres d'hôpitaux et de plusieurs paroisses. Ces données réunies et comparées avec la loi de mortalité, lui ont permis d'en déduire la loi suivante des maladies :

De 10 à 20 ans.	0,7 semaines,	ou 1 malade sur	74.3
20 30	0.9		57.8
30 40	1.1		47.3
40 50	1.3		40.»
50 60	2.»		26.»
60 65	3.»		17.3
65 70	11.»		4.7

Cette table se trouve dans la cinquième édition de l'ouvrage de M. Becher sur les Sociétés d'Amis.

Défauts constatés sur le document original

Contraste insuffisant ou différent, mauvaise qualité d'impression

Under-contrast or different, bad printing quality